I Wlad yr Hwli Dwlis

Argraffiad cyntaf: 2000
Hawlfraint: Joan Ferrero a'r Lolfa Cyf. 2000

Rhif Llyfr Rhyngwladol: 0 86243 560 9

Cyhoeddwyd yng Nghymru
ac argraffwyd ar bapur di-asid a rhannol eilgylch
gan Y Lolfa Cyf., Talybont, Ceredigion SY24 5AP
e-bost ylolfa@ylolfa.com
y we www.ylolfa.com
ffôn (01970) 832 304
ffacs 832 782
isdn 832 813

Llyfrau LLAWEN rhif 9

I Wlad yr Hwli Dwlis

JOAN FERRERO

Roedd pedwar tegan yn byw mewn hen gist las yn llofft Cadi fach. Dyma nhw: Tedi Mawr, Teigr Bach, Cwningen Binc a'r Hen Dylluan.

4

Un noson, yng nghanol y nos pan oedd pawb yn y tŷ yn cysgu, digwyddodd rhywbeth rhyfedd iawn.

Canodd cloch yr eglwys am hanner nos a deffrodd y pedwar tegan. Yn ddistaw bach, fe ddringon nhw allan o'r gist ac i mewn i bram y dolis – Tedi Mawr ar y blaen, wedyn Teigr a Cwningen, ac yn olaf yn y cefn, yr Hen Dylluan.

"Rŵan," meddai Tedi Mawr.

A dyma pawb yn sibrwd y geiriau hud: "Un, dau, tri, i ffwrdd â ni. Taramasŵ."

Gyda hynny trodd y pram yn roced arian a hedfanodd
y criw bach drwy'r ffenest agored ac allan i'r noson dywyll.

Heb sŵn, hedfanodd y roced i fyny drwy'r awyr, heibio i dai y pentref bach a thros y caeau. Welodd neb y roced, ond y gwartheg yn y cae a'r ci defaid yn y buarth.

Aethant yn uwch ac yn uwch, nes bod y ddaear yn edrych fel pêl fach werdd a glas. Saethodd y roced heibio i'r lleuad, heibio i'r sêr ac ymlaen i'r tywyllwch.

Yna gwelodd Tedi Mawr blaned oren yn dod i'r golwg. Aeth y roced yn nes ac yn nes ato. Roedd llosgfynyddoedd ar wyneb y blaned!

9

Trodd Tedi Mawr y roced er mwyn gweld yn well. Gallai weld mwg yn dod o rai o'r llosgfynyddoedd, ond doedd dim byd arall i'w weld.

"Gadewch i ni lanio!" meddai Teigr, yn barod am unrhyw antur.

"Na, dwi isio mynd adra," atebodd Cwningen yn nerfus.

"Wel, mae'n edrych yn ddigon diogel," meddai'r Hen Dylluan.

"Y blaned oren amdani, 'ta," gwaeddodd Teigr, yn llawn cyffro.

Aeth y roced i lawr i ganol y mynyddoedd. Glaniodd yn swnllyd iawn, a dyma'r pedwar tegan yn syrthio allan o'r roced, un ar ben y llall.

Dyma nhw'n eistedd i lawr a dechrau 'sgubo'r llwch oddi ar eu ffwr, a syllu o'u cwmpas. Roedd popeth ar y blaned yn oren, gan gynnwys y mynyddoedd a'r mwg.

Edrychodd y teganau i fyny i edrych ar y ddaear oedd
yn bell, bell i ffwrdd. Teimlai Cwningen Binc yn unig iawn, ac
roedd yn dechrau gweld eisiau'r gist las annwyl yn ôl yn
llofft Cadi.

Roedd Teigr Bach erbyn hyn yn dringo i fyny ochr y bryn agosaf. Llithrodd i lawr gan weiddi nerth ei ben.

"Hisht!" meddai pawb wrtho, pan glywson nhw sŵn rhyfedd gerllaw.

Roedd y sŵn a glywson nhw yn un od iawn: "Hŵli, hŵli."

Cafodd hyn ei ateb gan sŵn arall: "Dŵli, dŵli."

Symudodd y teganau yn agosach at ei gilydd.

"Be ydi hwnna?" gofynnodd Tedi Mawr.

"Falle mai bwganod ydyn nhw," atebodd Teigr gan chwerthin.

"Be wnawn ni?" criodd Cwningen, ei hwyneb wedi troi'n wyn gan ofn.

Yn araf iawn, dringodd creadur allan o dwll yn y mynydd.
Roedd yn oren ac yn grwn, ac ar ei dalcen roedd dau deimlydd.
Y munud nesaf daeth ail greadur allan. Yna gwnaeth y
creaduriaid sŵn isel fel brefu gwartheg gan chwifio eu
pawennau yn yr awyr.

"Ymm… He-lo," meddai Tedi Mawr, yn gwenu'n nerfus ac
yn methu'n lân a gwybod beth i'w wneud.

"Ymm… dach chi'n licio siocled? Mae gen i ddarn o siocled yn fy mhoced." Rhoddodd Tedi Mawr y siocled i'r creaduriaid a bwytaodd y ddau ef yn syth.

Dechreuodd y creaduriaid oren alw:
"Hŵli" … "Dŵli" unwaith eto.

19

Yna dyma'r Hwli Dwlis yn arwyddo i'r
teganau eu dilyn, a dyna a
wnaeth Teigr a Tedi Mawr.
Diflannodd yr Hwli Dwlis i
mewn i'r twll yn y
mynydd eto, ond
doedd Cwningen a'r
Hen Dylluan ddim am
eu dilyn.

"Rydan ni isio mynd yn ôl i'r roced," meddai'r Hen Dylluan yn nerfus.

"Bydd popeth yn iawn, gewch chi weld," atebodd Tedi Mawr.

"O'r gorau, ti sy'n gwybod," meddai, ac aeth yr Hen Dylluan ar eu holau nhw, gan afael yn dynn ym mhawen Cwningen Binc.

Roedden nhw mewn twnnel hir gyda goleuadau yn llosgi ar y waliau. O'r diwedd, dyma nhw'n cyrraedd ogof fawr gyda thân mawr yn llosgi yn ei chanol. Codai'r mwg gan ddiflannu drwy dwll yn nho'r ogof.

Ym mhen draw'r ogof, roedd Hwli Dwli mawr yn eistedd ar gadair aur ac yn gwisgo coron.

"Croeso i'n planed ni," meddai. "Brenin yr Hwli Dwlis ydw i, a dyma fy merch, Tahwli." Wrth ei draed eisteddai merch fach yn edrych yn drist iawn.

"Helo, Tedi Mawr ydw i," meddai Tedi Mawr. "A dyma fy ffrindiau, yr Hen Dylluan, Cwningen a Teigr."

23

"Pam bod
Tahwli yn edrych mor
anhapus?" gofynnodd yr
Hen Dylluan.

"Heddiw yw diwrnod ei phen
blwydd." atebodd y Brenin, "A does
ganddi hi neb i ddod i'w pharti."

24

"Ddown ni i'w pharti hi" meddai Teigr gan neidio i fyny ac i lawr. "Dwi'n hoffi mynd i barfïon."

"Bydd ddistaw," sibrydodd Tedi Mawr, "falle nad ydi hi isio i ni ddod."

Cododd y Dywysoges fach ei phen a dechreuodd wenu. "Wnewch chi ddod i'r parti? Mi fyddwn i mor hapus pe tasech chi'n dod."

"Gwnawn, wrth gwrs," atebodd y teganau yn un, a
dyma'r Dywysoges fach yn curo ei dwylo ac yn dechrau
dawnsio o amgylch yr ogof, yn wên i gyd.

Cyn hir, roedd popeth yn barod ar gyfer y parti. Daeth yr Hwli Dwlis i mewn gyda'r gacen ben blwydd, y jeli a phob math o fwydydd blasus. Eisteddodd y Brenin, Tahwli, yr Hwli Dwlis a'r teganau i lawr wrth y bwrdd bwyd a bwyta llond eu boliau.

Yna dyma'r gerddoriaeth yn dechrau. Buon nhw'n dawnsio ac yn chwarae pob math o gemau – hyd yn oed yr Hen Dylluan. Roedd Tahwli yn chwerthin ac yn mwynhau pob munud.

Dechreuodd hi nosi, ac agorodd y Dywysoges ei cheg yn gysglyd. Roedd hi'n amser mynd i'r gwely.

"Mae'n bryd i ni fynd adre," meddai Tedi Mawr. "Diolch am y parti. Mi wnaethon ni fwynhau ein hunain yn fawr."

Roedd Tahwli yn drist. "Oes rhaid i chi fynd? Dwi wedi mwynhau fy hun gymaint heddiw," meddai.

"Oes," atebodd yr Hen Dylluan. "Mi fydd rhaid i ni fod adre cyn y bore, ond mi ddown yn ôl rywbryd, dwi'n addo."

Pan ddringodd y teganau i mewn i'r roced, taflodd yr Hwli Dwlis lwch aur drostynt am lwc. Yna dyma'r teganau yn dweud y geiriau hud eto:

"Un, dau, tri, i ffwrdd â ni. Taramasŵ."

Cododd y roced i'r awyr gan hedfan yn ôl i'r ddaear ac i dŷ Cadi. Aeth y roced drwy'r ffenest a glanio wrth y gist las.

Trodd y roced yn bram unwaith eto, a dringodd pawb allan yn gysglyd iawn ac i mewn i'r gist las. Cyn pen dim roedd pawb yn cysgu'n drwm.

Yn y bore deffrodd Cadi a gwelodd bod y teganau yn dal i gysgu. "Dach chi'n bethau diog," meddai.

Yna gwelodd fod rhywbeth aur ar ffwr y teganau. "Dyna beth od," meddai dan ei gwynt.

Gwenodd Tedi Mawr yn ei gwsg.

Y gyfres newydd o lyfrau gwreiddiol i blant
a grëwyd yn gyfangwbl yng Nghymru.

Allan eisoes:

1. Morus yr Ystlum
Sheelagh Thomas-Christensen
0 86243 396 7

2. Gloria a'r Berllan Bupur
David Greenslade
0 86243 415 7

3. Dewi'r Llyfrbryf
Wayne Denfhy
0 86243 391 6

4. Peiriant y Tywydd
Catrin A. Beynon
0 86243 412 2

5. Iona'r Iâr
Dylan Thomas
0 86243 434 3

6. Deio a'i Drwmped
Leon Balen
0 86243 463 7

7. Carwyn a'r Anrheg Nadolig
Mari Gwilym
0 86243 483 1

8. Arfon y Celt
Alan Rogers
0 86243 522 6

Am restr gyflawn o'n llyfrau plant (a llyfrau eraill)
mynnwch gopi o'n Catalog newydd, rhad, llawn-lliw - neu
hwyliwch i **www.ylolfa.com** ar y We fydeang!